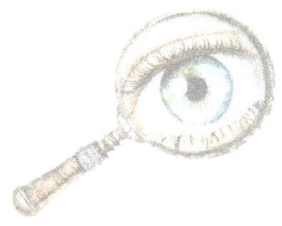

Виктория Харвуд

I0346603

TheHappyStoryGarden

Виктория Харвуд

Copyright © 2025 Viktoriia Harwood. All rights reserved.

No part of this book may be reproduced, stored in a retrieval system, or transmitted in any form or by any means—electronic, mechanical, photocopying, recording, or otherwise— without prior written permission from the author.

Publisher - TheHappyStoryGarden
Distributor - IngramSpark

Authors - **Victoria Harwood**

2nd Edit.

ISBN 9781917210997

2025

Виктория Харвуд

Книга 1

Монстр виноват!

Как справиться с маленькими нарушителями спокойствия в жизни

Это книга о забавных монстрах, живущих рядом с нами.

Полезная книга не только для детей.

Монстры в Книге 1:

1. Шторный монстр
2. Монстр Темноты
3. Гаражный монстр
4. Монстр Лени
5. Монстр-хохотун и шутник
6. Монстр гардеробов и шкафов с одеждой
7. Монстр Пятен
8. Монстр Крикун
9. Монстр Застенчивости
10. Подкроватный Монстр
11. Монстр Непослушания

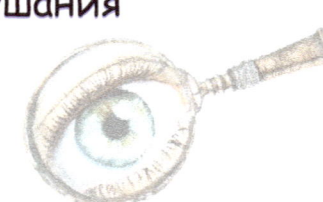

Монстр Виноват!

12. Монстр Фонтанов
13. Монстр Забывалкин
14. Монстр Зевака
15. Монстр Носков
16. Грибной Монстр
17. Монстр Хаоса и Беспорядка
18. Монстр Недовольный Ворчун
19. Песенный Монстр
20. Монстр Жадности
21. Монстр Непоседа

Виктория Харвуд

Слово Монстр звучит угрожающе и намекает на то, что этих существ надо бояться. А надо ли?

Мои юные помощники подскажут, почему тебе не стоит пугаться грозного вида этих мистических существ.
А еще, ты вполне можешь научиться управлять этими хулиганами, именно такими я их и считаю.

В этой книге ты найдешь фантастическую галерею самых разных монстров, которые живут рядом с нами или появляются в тот момент, когда им понравится твое настроение. Да им нравятся наши эмоции, и они хотят управлять нашим настроением.

Хотя эти существа и невидимые, ты можешь почувствовать присутствие монстра совсем рядом рядом и удивишься своим ощущениям.

Монстр Виноват!

Почти все монстры далеко не красавцы и не милые, поэтому они и называются монстры.

Этим существам нравится, когда люди пугаются, им нравится, когда дети плачут, им нравятся сердитые разговоры и крики.

Разве это делает людей счастливыми? Я тоже думаю, что нет! Все они большие хитрецы и любят шутить, им нельзя доверять.

Так что придется тебе ловить этих монстров одного за другим и не давать им заниматься их плохими делами. Я расскажу, как это сделать, а все остальное зависит от тебя!

Читай внимательно, в чем особенность каждого из монстров и решай, стоит ли приглашать этих ужастиков к себе! Они ничего не могут сделать, если не слушать их советов.

Виктория Харвуд

Монстр Виноват!

Галлерея Монстров

Самый тихий монстр — это существо, которое живет за шторами.

Он обожает слегка раскачивать шторы или шевелить их в надежде, что человек зайдет в комнату и испугается. Никогда не давай ему этой возможности!

Смело заходи в комнату и спокойно посмотри что там за шторой.

Ему станет неинтересно, что его никто не боится.

Монстр Виноват!

Шторный монстр

Виктория Харвуд

Монстр темноты

А в темных углах живет монстр темноты.

Это абсолютно безобидное существо, которое любит жить в темноте, иногда танцует или спит.

При дневном свете или свете лампы, он тает как снежинка.

И все же от него есть польза, он не дает „подкроватному" монстру забираться под кровать и всегда выгоняет его оттуда.

Маленький и совсем незаметный монстр живет в гараже, он так и называется «гаражный монстр».

Этот парень любит шуршать и ронять пустые коробки, а еще, прятать нужные вещи. И очень веселится, если взрослые ворчат и раздражаются, а дети бояться заходить в гараж.

Посмотри на него, он легко обижается, если ты его не боишься и совсем не сердишься.

Монстр Виноват!

Гаражный монстр

А этот улыбчивый красавец любит наводить дремоту и лень.

Если тебе надо сделать что-то важное и, вдруг, сразу захотелось прилечь или вообще ничего не делать, то берегись!

К тебе пожаловал монстр Лени и Дремоты.

Когда он рядом, все дела перестают быть важными и хочется оставить их на потом.

«Потом» - его любимое слово.

Виктория Харвуд

Мне лично по душе монстр-хохотун и шутник. Этот монстр обожает, когда люди весело смеются и хохочут.

Правда!

Тогда он начинает скакать и прыгать вокруг них как солнечный зайчик, и ты можешь даже заметить его.

Монстр Виноват!

Монстр-хохотун и шутник

Виктория Харвуд

Монстр гардеробов и шкафов с одеждой

Монстр Виноват!

Есть один особенный монстр, который часто прячется по шкафам среди одежды.

Он не любит, если шкаф открывают без стука.

Постучи по дверце и смело открывай любой шкаф!

Все будет в порядке, он сразу спрячется.

Посмотри на этого монстра! Перед тобой «монстр пятен». Да, именно так его и зовут. Этот монстр в восторге от пятен на одежде, столах и коврах.

Если ты надел чистую рубашку или блузку, будь осторожен! Потому что он обязательно подкрадется и подтолкнет твою руку с ложкой или кисточкой или еще с чем.

Этот негодяй будет невыразимо счастлив, если ты поддашься и посадишь пятно! У него есть два друга «монстр крикун» и «монстр смущения».

Монстр Виноват!

Монстр Пятен

Виктория Харвуд

Монстр Крикун

Перед тобой монстр-крикун, слишком громкий, неряшливый и... не люблю я его!

Он заставляет людей кричать и сердиться друг на друга. Крикун очень толстеет, если кто-то кричит очень часто, и тогда монстр растет на глазах как снежный ком.

Если вдруг хочется рассердиться и начать кричать, лучше вспомни о нем и разговаривай спокойно.

От спокойных разговоров с улыбкой, Крикун впадает в уныние и засыпает где-то в темном углу.

Посмотри на этого застенчивого монстра. Именно это странное существо заставляет и взрослых, и детей смущаться и краснеть. Это его любимое занятие!

Стоит ли его слушаться? Если вдруг засмущался, пойми, что рядом с тобой сейчас этот негодяй.

Как только он почувствует, что его заметили, сразу растворяется в воздухе, как будто его и не было.

Монстр Виноват!

Монстр Застенчивости

Виктория Харвуд

Подкроватный Монстр

Вот и пришло время познакомиться с „подкроватным" монстром.

Это чудище не любит темноты, ему нравятся сумерки. По сути, этот монстр абсолютно безопасен, но любит наводить страх, пускает по полу и стенам прозрачные тени или издает невнятное бурчание.

Счастлив, если сумеет напугать, что случается редко и этих монстров уже осталось совсем мало.

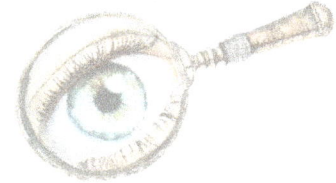

Виктория Харвуд

Есть еще один монстр, этот монстр очень любит детей, и я уверена, что вы с ним знакомы. Это монстр Непослушания.

Вы даже не представляете, какой он хитрый!

Он нашептывает детям идеи, предлагая не делать того, о чем просят взрослые. Это самый изобретательный и находчивый монстр, которого я знаю. Честно говоря, я понятия не имею, как с ним справиться; думайте сами!

Если вам удастся справиться хотя бы с пятью монстрами из этой книги, вы победите и этого персонажа.

Удачи!

Монстр Виноват!

Монстр Непослушания

Виктория Харвуд

Монстр Фонтанов

С этим монстром я познакомилась в одной старой деревне, где еще есть колодцы, из которых набирали воду, когда кранов в домах еще не было.

Сейчас эти монстры поселились в фонтанах. Они почти незаметные, но если опустить ладонь в воду фонтана, то могут и пощекотать.

А если ты отдернешь руку и вскрикнешь, то-то радости для такого монстра.

Они живут только в неглубоких местах, никто их не пустит в море или реку.

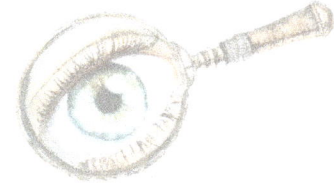

Виктория Харвуд

Забывчивость не всегда твоя вина, это все Монстр-Забывалкин.

Да да да!

И если ты забыл что-то сделать, говори смело, что в твоей комнате поселился этот тип монстра!

Если ты забыл почистить зубы, забыл навести порядок, накормить кота, убрать посуду со стола, пора тебе призвать его к порядку.

Очень нехороший монстр и приставучий.

Монстр Виноват!

Монстр Забывалкин

Виктория Харвуд

Монстр Зевака

Есть у меня в списке еще один очень смешной и безобидный монстр, монстр зевоты.

Как заметишь, что кто-то рядом с тобой зевает и зевает, знай, рядом примостился монстр Зевака.

Избавиться от него довольно просто – надо пойти и умыться холодной водой.

Монстр знакомый очень многим и достаточно надоел, это «монстр носков».

Когда никто не видит, он собирает разбросанные носки и утаскивает в свой мир. Этот красавец получает невыразимое наслаждение, когда кто-то кричит «где мой носок?!»

Я думаю, лучше держать носки парами и аккуратно класть их на место.

Монстр Виноват!

Монстр носков

Виктория Харвуд

Грибной монстр

А это грибной монстр, если ты пошел в лес собирать грибы, а этот хулиган увязался за тобой, грибы будет найти трудно.

Он прячет их в траве и хвое или старается увести тебя от грибного места. Всегда при этом довольно хихикает.

Как не сделать чтобы он не увязался за тобой? Не говорить никому, что вы едете за грибами.

Так просто!

Виктория Харвуд

Если в комнате все вещи и игрушки разбросаны, на столе немытые чашки и стаканы, в этой комнате поселился Монстр хаоса и беспорядка.

Этот монстр очень доволен если хозяин комнаты не следит за порядком. Он делает все возможное, чтобы помешать разложить вещи по местам.

Монстр хаоса и беспорядка наполняет голову хозяина комнаты такими мыслями: «устал», «некогда», «да зачем», «мама уберет», «забыл». Я думаю, лучше избавиться от такого монстра!

Монстр Виноват!

Монстр Хаоса и Беспорядка

Виктория Харвуд

Монстр Недовольный Ворчун

Когда человек ворчит и вечно недоволен по самым разным мелочам, его сопровождает Монстр Недовольный Ворчун.

Человек и не догадывается, что его атаковал этот бандит. С таким спутником невозможно быть счастливым и радоваться!

Я знаю как от него избавиться. Надо съесть пирожное или вкусное печенье, поцеловать и обнять маму, и главное посмотреть на небо.

Если заметил веселого воробья и улыбнулся, значит монстр уже испарился.

Один из монстров, которые вызывают у меня улыбку, это Песенный Монстр.

Да, есть и такой!

Познакомься, это он цепляет на тебя мелодию или куплет, который крутится в голове снова и снова.

Этот монстр таскается за человеком повсюду, а надо только сказать ему: «Достаточно». И он сразу отстанет!

Монстр Виноват!

Песенный Монстр

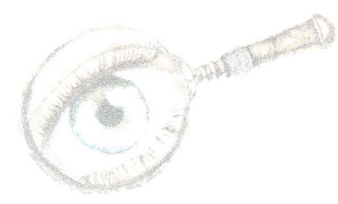

Виктория Харвуд

Монстр Жадности

Монстр Виноват!

Я уверена, что мало на свете жадных людей.

Часто мальчик или девочка абсолютно не жадные, и вдруг что-то случается, нападает на них жадность, и они не хотят делиться игрушкой, которой можно вместе играть или угостить друга конфетой.

Полюбуйся на монстра-жадину. Он тут как тут, если надо угостить кого-то, начинает суетиться, шептать на ухо разные некрасивые советы.

Отметь его рукой и порадуй друга, маму, папу, бабушку.

Радовать других, самое нелюбимое у этого монстра. Зачем он тебе?

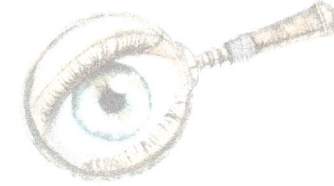

Монстр Непоседа часто навещает самых разных детей и заставляет их громко кричать, бегать, прыгать, не останавливаясь ни на минуту.

Как только услышишь от мамы: «Пожалуйста, перестань бегать туда-сюда!», значит пора сражаться с монстром Непоседой!

Лучшее средство взять в руки книгу, можно порисовать фломастерами, можно поиграть в игру.

Главное избавиться от этого суетливого монстра.

Монстр Виноват!

Монстр Непоседа

Виктория Харвуд

Я рада, что познакомила тебя с этими приставучими хулиганами монстрами, теперь ты знаешь как с ними справится.

Посмотри вокруг, как красив сад в солнечных лучах, как блестят улицы после дождя, как радуются теплому дню воробьи и голуби. Обращай внимание на мамину и папины улыбки, радуйся хорошему разговору с сестрой или братом, игрой с другом. И вскоре ты заметишь, что стал смелее, стал более удачлив, а люди улыбаются тебе чаще.

Все монстры, с которыми ты познакомился, это как тени, которые заслоняют от тебя солнце, радость, удачу, улыбки.

Будь счастлив, ты пришел в мир именно для этого!

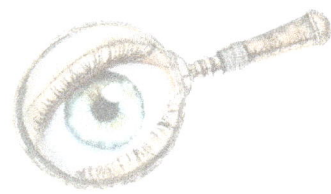

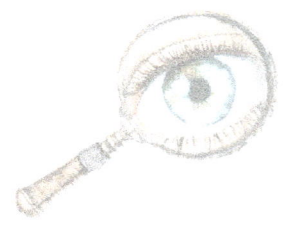

Виктория Харвуд

Впереди тебя ждет встреча с еще более интересными монстрами.

Ты найдешь их во второй книге.

Монстр Виноват!

Больше книг на нашем вебсайте
https://thehappystorygarden.co.uk

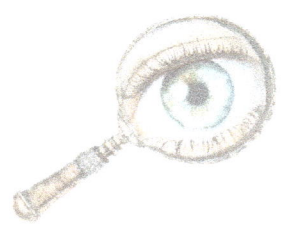

Виктория Харвуд

WELCOME TO
THE HAPPY STORY GARDEN

https://thehappystorygarden.co.uk

Монстр Виноват!

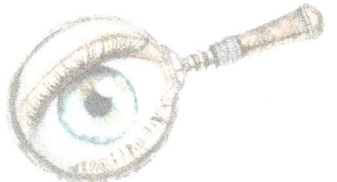

www.ingramcontent.com/pod-product-compliance
Lightning Source LLC
Chambersburg PA
CBHW061128070526
44584CB00033B/4261